Perchè il comunismo è il miglior sistema economico.

Un libro per grandi interpretazioni…

ADAM FABBRO

(Pseudonimo)

DEDICA

Dedico questo testo a tutti i neoliberisiti, convinti nella libera circolazione di informazioni e capitale come idolo indiscusso salvatore dell'uomo.

CONTENUTI

RINGRAZIAMENTI

In qualità di studioso e dottore in marcoeconomia, decido di intraprendere questo percorso dedicato alla rielaborazione delle mie idee e degli studi personali con l'obiettivo di rivalutare il sistema collettivista ideato dal filosofo tedesco Karl Marx, sfruttato e travisato goffamente in questi ultimi decenni. Lo sviluppo e la conclusione di questo progetto non è stata sviluppata soltanto dal sottoscritto, perciò ritengo fondamentale e necessario ringraziare chi ha collaborato e lavorato per portare a termine questo trattato. Ringrazio Alexander Isad per lo sviluppo delle bozze e degli studi analitici a favore della mia tesi generale e Lorenz Matches per il sostegno tecnico e l'organizzazione amministrativa e burocratica. Inoltre, ritrovai molto d'aiuto il sentimento che per anni, durante la stesura, mi ha spinto in alto e motivato nei miei progetti: o tu ebrezza dionisiaca, rimango e rimarrò fedele alla calorosa consolazione e motivazione, all'amore per la vita, alla voglia di superare, all'ascoltare le passioni, a te, grazie a te Sfaso.

Finché bene posseduto ci separi...

1 PERCHÈ IL COMUNISMO È IL MIGLIOR SISTEMA ECONOMICO.

PERCHÉ IL COMUNISMO È IL MIGLIOR SISTEMA ECONOMICO

PERCHÉ IL COMUNISMO È IL MIGLIOR SISTEMA ECONOMICO

13

PERCHÉ IL COMUNISMO È IL MIGLIOR SISTEMA ECONOMICO

15

PERCHÉ IL COMUNISMO È IL MIGLIOR SISTEMA ECONOMICO

17

PERCHÉ IL COMUNISMO È IL MIGLIOR SISTEMA ECONOMICO

18

19

PERCHÉ IL COMUNISMO È IL MIGLIOR SISTEMA ECONOMICO

PERCHÉ IL COMUNISMO È IL MIGLIOR SISTEMA ECONOMICO

21

23

24

PERCHÉ IL COMUNISMO È IL MIGLIOR SISTEMA ECONOMICO

25

28

PERCHÉ IL COMUNISMO È IL MIGLIOR SISTEMA ECONOMICO

31

PERCHÉ IL COMUNISMO È IL MIGLIOR SISTEMA ECONOMICO

33

35

PERCHÉ IL COMUNISMO È IL MIGLIOR SISTEMA ECONOMICO

36

PERCHÉ IL COMUNISMO È IL MIGLIOR SISTEMA ECONOMICO

39

PERCHÉ IL COMUNISMO È IL MIGLIOR SISTEMA ECONOMICO

45

47

PERCHÉ IL COMUNISMO È IL MIGLIOR SISTEMA ECONOMICO

48

PERCHÉ IL COMUNISMO È IL MIGLIOR SISTEMA ECONOMICO

51

PERCHÉ IL COMUNISMO È IL MIGLIOR SISTEMA ECONOMICO

53

55

PERCHÉ IL COMUNISMO È IL MIGLIOR SISTEMA ECONOMICO

57

PERCHÉ IL COMUNISMO È IL MIGLIOR SISTEMA ECONOMICO

59

PERCHÉ IL COMUNISMO È IL MIGLIOR SISTEMA ECONOMICO

61

PERCHÉ IL COMUNISMO È IL MIGLIOR SISTEMA ECONOMICO

65

PERCHÉ IL COMUNISMO È IL MIGLIOR SISTEMA ECONOMICO

66

67

PERCHÉ IL COMUNISMO È IL MIGLIOR SISTEMA ECONOMICO

71

73

PERCHÉ IL COMUNISMO È IL MIGLIOR SISTEMA ECONOMICO

77

PERCHÉ IL COMUNISMO È IL MIGLIOR SISTEMA ECONOMICO

81

PERCHÉ IL COMUNISMO È IL MIGLIOR SISTEMA ECONOMICO

PERCHÉ IL COMUNISMO È IL MIGLIOR SISTEMA ECONOMICO

84

85

PERCHÉ IL COMUNISMO È IL MIGLIOR SISTEMA ECONOMICO

87

88

PERCHÉ IL COMUNISMO È IL MIGLIOR SISTEMA ECONOMICO

2 TENTATIVO DI AUTOCRITICA

91

PERCHÉ IL COMUNISMO È IL MIGLIOR SISTEMA ECONOMICO

93

PERCHÉ IL COMUNISMO È IL MIGLIOR SISTEMA ECONOMICO

PERCHÉ IL COMUNISMO È IL MIGLIOR SISTEMA ECONOMICO

PERCHÉ IL COMUNISMO È IL MIGLIOR SISTEMA ECONOMICO

PERCHÉ IL COMUNISMO È IL MIGLIOR SISTEMA ECONOMICO

PERCHÉ IL COMUNISMO È IL MIGLIOR SISTEMA ECONOMICO

PERCHÉ IL COMUNISMO È IL MIGLIOR SISTEMA ECONOMICO

PERCHÉ IL COMUNISMO È IL MIGLIOR SISTEMA ECONOMICO

Fine

9 798576 041305